First German Words

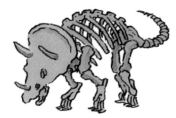

Illustrated by David Melling

OXFORD
UNIVERSITY PRESS

For Bosiljka, Branko and Igor Sunajko.

D.M.

OXFORD
UNIVERSITY PRESS

Great Clarendon Street, Oxford OX2 6DP

Oxford University Press is a department of the University of Oxford.
It furthers the University's objectie of excellence in research, scholarship,
and education by publishing worldwide in

Oxford New York

Auckland   Cape Town   Dar es Salaam   Hong Kong   Karach
Kuala Lumpur   Madrid   Melbourne   Mexico City   Nairobi
New Delhi   Shanghai   Taipei   Toronto

With offices in

Argentina   Austria   Brazil   Chile   Czech Republic   France   Greece
Guatemala   Hungary   Italy   Japan   Poland   Portugal   Singapore
South Korea   Switzerland   Thailand   Turkey   Ukraine   Vietnam

Oxford is a registered trade mark of Oxford University Press
in the UK and in certain other countries

Illustrations copyright © David Melling 1999

Text copyright © Oxford University Press 1999

German translation by Roswitha Morris

First published in hardback 1999
First published in paperback 2000
Bilingual edition 2002
This new edition 2007

Database right Oxford University Press (maker)

British Library Cataloguing in Publication Data

Data available

ISBN-13: 978-0-19-911003-2
3 5 7 9 10 8 6 4 2

Printed in Singapore

All efforts have been made to ensure that these translations are
accurate and appropriate. If you have any further language queries
please visit our website at www.askoxford.com

For free audio pronunciations of all the words in this book,
go to www.childrensdictionaries.co.uk

Contents

Ich und du
You and Me

die Brust
chest

das Bein
leg

der Fuß
foot

der Zeh
toe

der Ellbogen
elbow

der Rücken
back

der Po
bottom

der Finger
finger

der Bauch
tummy

das Knie
knee

die Hand
hand

die Haare
hair

der Arm
arm

der Kopf
head

die Schultern
shoulders

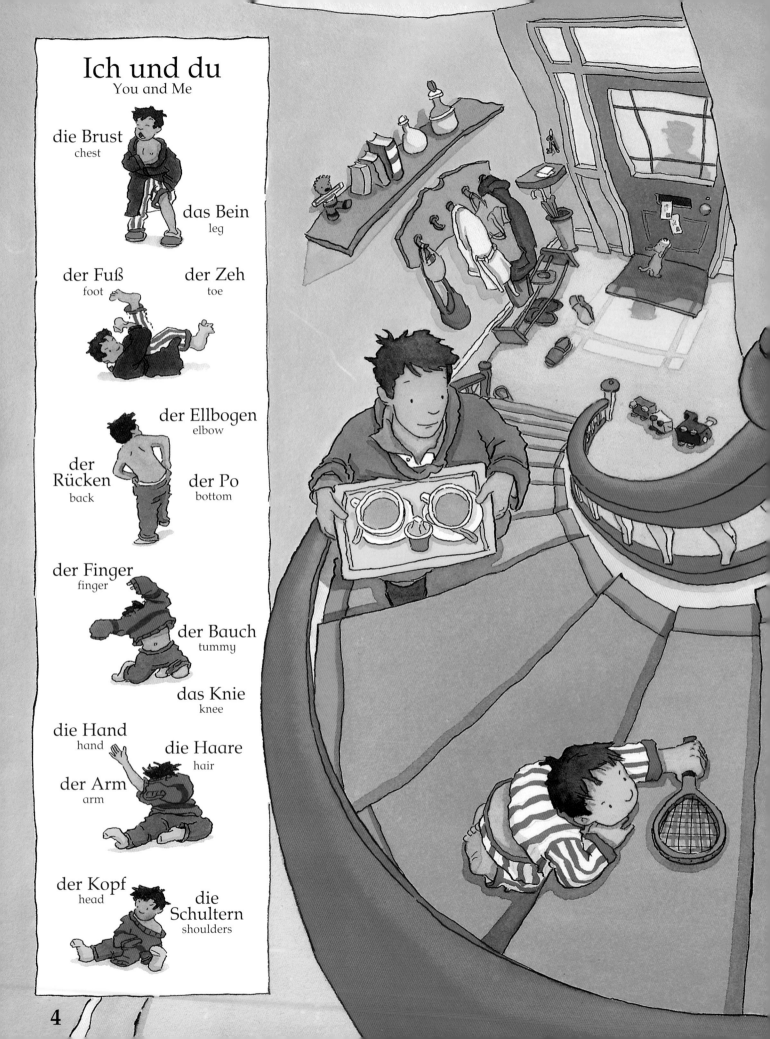

das Gesicht
face

die Backe
cheek

das Ohr
ear

das Auge
eye

der Mund
mouth

das Kinn
chin

die Zähne
teeth

die Zunge
tongue

der Hals
neck

die Nase
nose

das Mädchen
girl

der Junge
boy

5

Zu Hause
At Home

das Dach
roof

die Mülltonne
dustbin/
(US) trashcan

die Gartenpforte
gate

die Treppe
stairs

der Schornstein
chimney

der Zaun
fence

die Garage
garage

das Fenster
window

die Tür
door

6

der Hund
dog

die Katze
cat

das Kaninchen
rabbit

die Spinne
spider

die Schnecke
snail

die Post
letters

der Postsack
postbag

das Blatt
leaf

die Blume
flower

der Baum
tree

Auf dem Schulweg

On the way to School

die Straßenlaterne
lamp-post

der Bürgersteig
pavement

der Spielplatz
playground

die Straße
street

der Zebrastreifen
zebra crossing/
(US) crosswalk

die Schule
school

die Ampel
traffic lights

der Laden
shop

die Kirche
church

das Fahrrad
bicycle

das Auto
car

der Bus
bus

das Motorrad
motorbike

die Feuerwehr
fire engine

der Lastwagen
truck

der Hubschrauber
helicopter

der Krankenwagen
ambulance

das Flugzeug
plane

Unser Klassenzimmer
Our Classroom

die Schultasche
schoolbag

das Buch
book

die Pausenbox
lunch box

die Tafel
blackboard

die Kreide
chalk

der Globus
globe

der Tisch
desk

der Magnet
magnet

der Papierkorb
bin

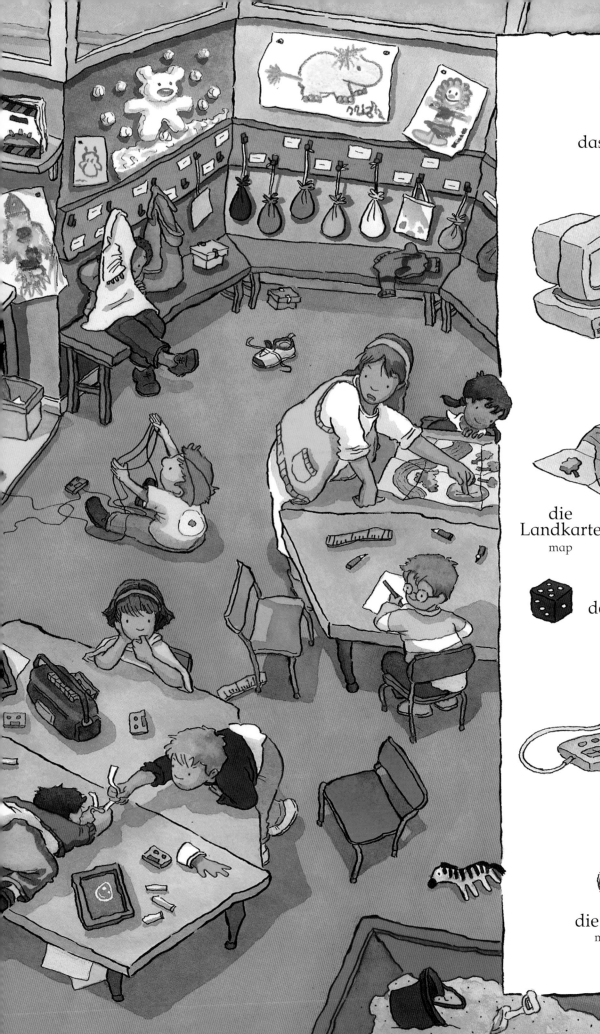

das Lineal
ruler

der Computer
computer

die Landkarte
map

der Würfel
dice

die Tastatur
keyboard

die Maus
mouse

Spaß mit Farben
Fun with Colours

schwarz
black

braun
brown

grau
grey

rosa
pink

rot
red

gelb
yellow

blau
blue

grün
green

orange
orange

lila
purple

weiß
white

die Schürze
apron

der Klebstoff
glue

das Bild
painting

der Pinsel
paintbrush

die Farben
paints

der Bleistift
pencil

das Papier
paper

die Schere
scissors

der Filzstift
felt pen

die Staffelei
easel

13

Berufe
Professions

der Briefträger
postman

der
Bauarbeiter
builder

die Ärztin
doctor

der Polizist
police officer

die Tierärztin
vet

der
Fußballspieler
footballer

der
Feuerwehrmann
firefighter

der Schaffner
bus driver

14

der Lokomotivführer
train driver

die Popsängerin
pop star

der Pilot
pilot

die Ballerina
dancer

der Taucher
diver

der Koch
cook

der Astronaut
astronaut

der Rettungsschwimmer
lifeguard

15

Es war einmal
Once Upon a Time
Die Dinosaurier:
Dinosaurs

Vor 200 Millionen Jahren
200 million years ago

der Tyrannosarus rex
Tyrannosaurus Rex

der Stegosaurier
Stegosaurus

der Diplodokus
Diplodocus

das Saurierskelett
Triceratops skeleton

das Fossil
fossil

der Knochen
bone

Der Steinzeitmensch:
Stone Age Man

Vor 10 000 Jahren
10,000 years ago

die Höhle
cave

der Feuerstein
flint

die Höhlenmalerei
cave painting

das Feuer
fire

Die alten Ägypter:
Ancient Egyptians

Vor 5 000 Jahren
5,000 years ago

die Pyramide
pyramid

die Sphinx
sphinx

der Pharao
Pharaoh

Die alten Römer:
Romans

Vor 2 000 Jahren
2,000 years ago

die Keramik
pottery

die Münzen
coins

der Soldat
soldier

Im Supermarkt

At the Supermarket

der Einkaufswagen
trolley

der Korb
basket

die Kasse
cash register

das Brötchen
bread roll

der Kuchen
bun

die Marmelade
jam

die Haferflocken
cereal

die Kartoffeln
potatoes

die Würstchen
sausages

die Spaghetti
spaghetti

die Milch
milk

der Joghurt
yoghurt

der Käse
cheese

die Eier
eggs

der Apfel
apple

die Banane
banana

die Apfelsine
orange

die Tomate
tomato

die Karotte
carrot

der Salat
lettuce

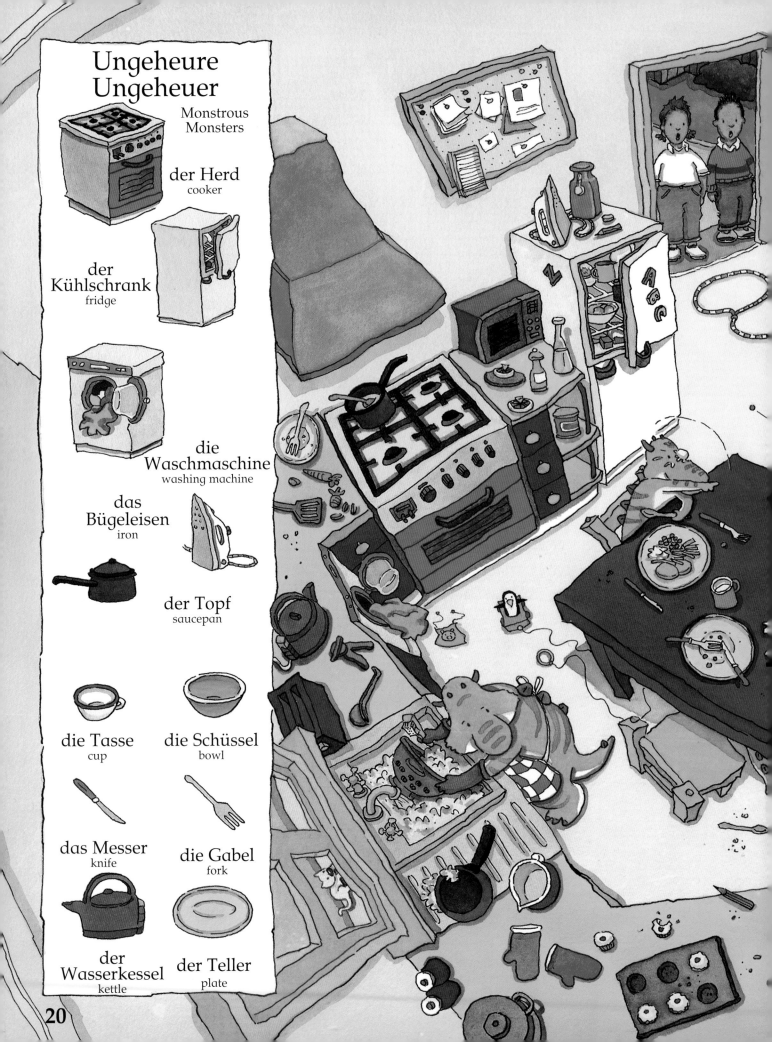

Ungeheure Ungeheuer

Monstrous Monsters

der Herd
cooker

der Kühlschrank
fridge

die Waschmaschine
washing machine

das Bügeleisen
iron

der Topf
saucepan

die Tasse
cup

die Schüssel
bowl

das Messer
knife

die Gabel
fork

der Wasserkessel
kettle

der Teller
plate

die **Untertasse**
saucer

der **Löffel**
spoon

der **Stuhl**
chair

die **Teekanne**
teapot

das **Kissen**
cushion

das **Sofa**
sofa

die **Stereoanlage**
stereo

der **Tisch**
table

der **Fernseher**
television

der **Staubsauger**
vacuum cleaner

21

Spiel mit!
Play with Me!

das Puppenhaus
doll's house

die Puppe
doll

das Spiel
game

der Rennwagen
racing car

der Roboter
robot

das Puzzle
jigsaw puzzle

der Teddybär
teddy

die Eisenbahn
train set

die Trommel
drum

die Gitarre
guitar

das Keyboard
keyboard

das Mikrofon
microphone

die Trompete
trumpet

die Blockflöte
recorder

die Beckenteller
cymbals

die Rassel
bells

das Tamburin
tambourine

Auf dem Bauernhof

On the Farm

das Pferd
horse

das Huhn
chicken

der Hahn
cock

die Ente
duck

die Gans
goose

das Schaf
sheep

die Ziege
goat

das Schwein
pig

die Kuh
cow

der Traktor
tractor

der Bach
stream

die Brücke
bridge

das Feld
field

der Wald
forest

das Heu
hay

der Hügel
hill

die Vogelscheuche
scarecrow

Am Meer

At the Seaside

der Ball
ball

der Eimer
bucket

die Schaufel
spade

der Liegestuhl
deckchair

der Sonnenschirm
umbrella

die Sonnencreme
suncream/
(US) sunscreen

die Rutschbahn
slide

die Wippe
see-saw

die Schaukel
swing

das Schiff
ship

der Leuchtturm
lighthouse

die Sandburg
sandcastle

die Möwe
seagull

die Muschel
shell

der Krebs
crab

die Krake
octopus

der Seestern
starfish

der Tang
seaweed

Die Geburtstagsparty
The Birthday Party

die Geburtstagskarte
birthday card

die Kerze
candle

der Luftballon
balloon

das Geschenk
present

die Girlande
streamer

die Pfeife
party blower

der Partyhut
party hat

der Zauberstab
wand

der Zauberer
magician

28

die Bonbons
sweets

das Sandwich
sandwich

die Pizza
pizza

das Eis
ice cream

die Schokolade
chocolate

der Keks
biscuit

der Strohhalm
straw

das Getränk
drink

die Torte
cake

29

Lustige Tiere
Amusing Animals

der Elefant
elephant

das Krokodil
crocodile

die Giraffe
giraffe

der Fisch
fish

das Nilpferd
hippopotamus

das Känguru
kangaroo

der Affe
monkey

der Koala
koala

die Maus
mouse

das Walross
walrus

der Papagei
parrot

der Pinguin
penguin

der Tiger
tiger

das Zebra
zebra

der Panda
panda

das Nashorn
rhinoceros

31

Im Badezimmer
In the Bathroom

das Kleid
dress

die Jacke
jacket

der Pullover
jumper/
(US) sweater

die Shorts
shorts

die Unterhose
pants

das Hemd
shirt

die Schuhe
shoes

der Rock
skirt

die Strümpfe
socks

die Hose
trousers

das T-Shirt
T-shirt

das Waschbecken
basin

die Badewanne
bath

der Waschlappen
flannel

der Spiegel
mirror

die Dusche
shower

die Seife
soap

der Schwamm
sponge

die Toilette
toilet

das Toilettenpapier
toilet paper

die Zahnbürste
toothbrush

die Zahnpasta
toothpaste

das Handtuch
towel

Gute Nacht!
Goodnight

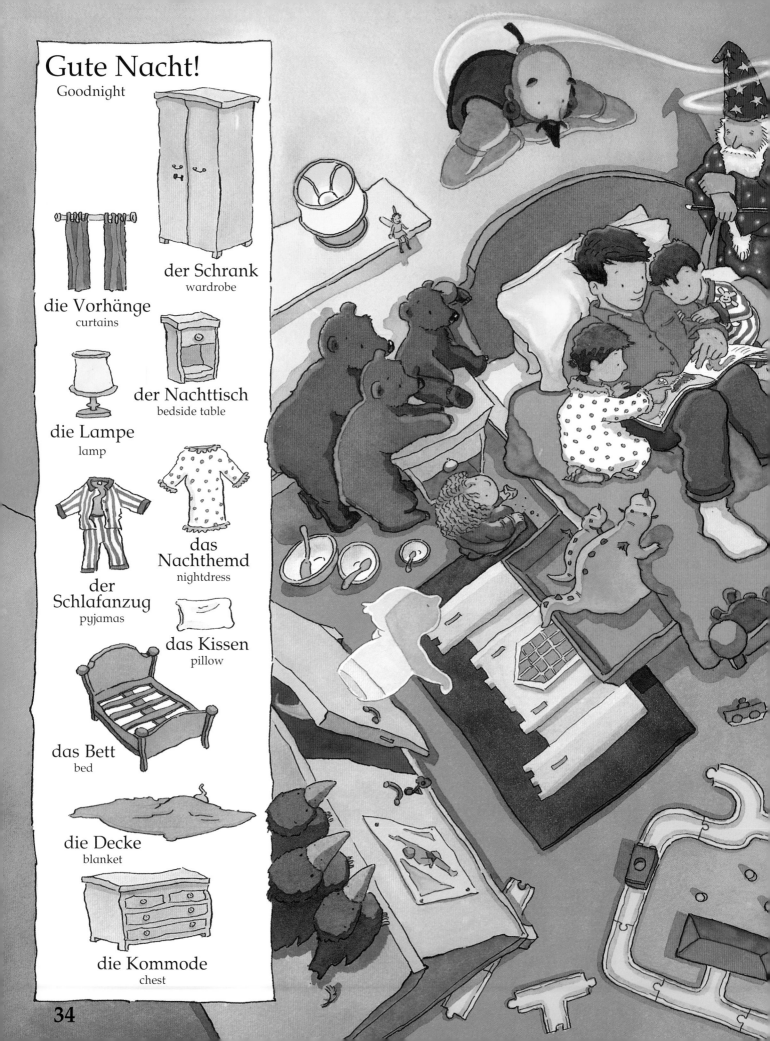

der Schrank
wardrobe

die Vorhänge
curtains

der Nachttisch
bedside table

die Lampe
lamp

das Nachthemd
nightdress

der Schlafanzug
pyjamas

das Kissen
pillow

das Bett
bed

die Decke
blanket

die Kommode
chest

das Märchenbuch
storybook

die Burg
castle

der König
king

die Königin
queen

der Geist
genie

die Wunderlampe
magic lamp

der Drache
dragon

der Riese
giant

Mein Bildwörterbuch
My Picture Dictionary

Welche Worte gehören zu welchen Bildern

die Ameise
ant

das Ei
egg

der Fisch
fish

die Glocke
bell

der Hubschrauber
helicopter

der Hund
dog

der Jongleur
juggler

der König
king

die Königin
queen

die Krake
octopus

der Lieferwagen
van

der Marienkäfer
ladybird

die Marionette
puppet

Match the words with the pictures

die Maus
mouse

der Nagel
nail

die Raupe
caterpillar

der Regenschirm
umbrella

der Ring
ring

das Röntgenbild
x-ray

das Segelschiff
yacht

die Strümpfe
socks

der Tiger
tiger

die Tinte
ink

die Uhr
watch

das Zebra
zebra

die Ziege
goat

Zähl mit! 1 2 3
Count with Me! 123

0 **null**
zero

1 **eins**
one

2 **zwei**
two

3 **drei**
three

4 **vier**
four

5 **fünf**
five

6 **sechs**
six

7 **sieben**
seven

8 **acht**
eight

9 **neun**
nine

10 **zehn**
ten

die Erste
first

der Zweite
second

der Dritte
third

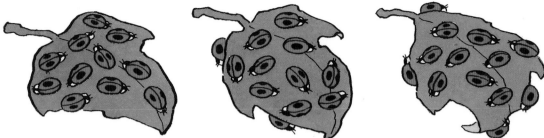

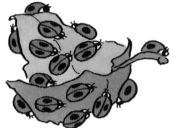

11 **elf**
eleven

12 **zwölf**
twelve

13 **dreizehn**
thirteen

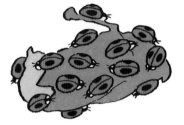
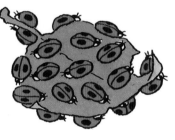
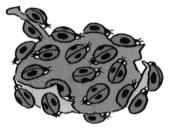

14 **vierzehn**
fourteen

15 **fünfzehn**
fifteen

16 **sechzehn**
sixteen

17 **siebzehn**
seventeen

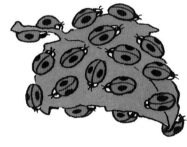

18 **achtzehn**
eighteen

19 **neunzehn**
nineteen

20 **zwanzig**
twenty

der Vierte
fourth

der Fünfte
fifth

der Letzte
last

39

Viele Formen
Lots of Shapes

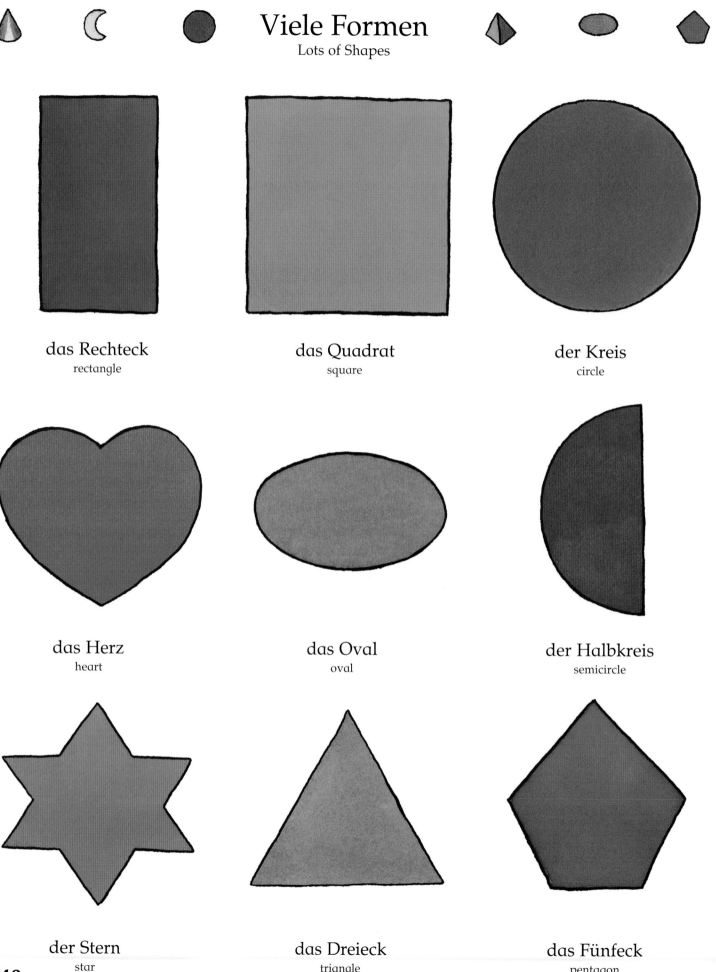

das Rechteck
rectangle

das Quadrat
square

der Kreis
circle

das Herz
heart

das Oval
oval

der Halbkreis
semicircle

der Stern
star

das Dreieck
triangle

das Fünfeck
pentagon

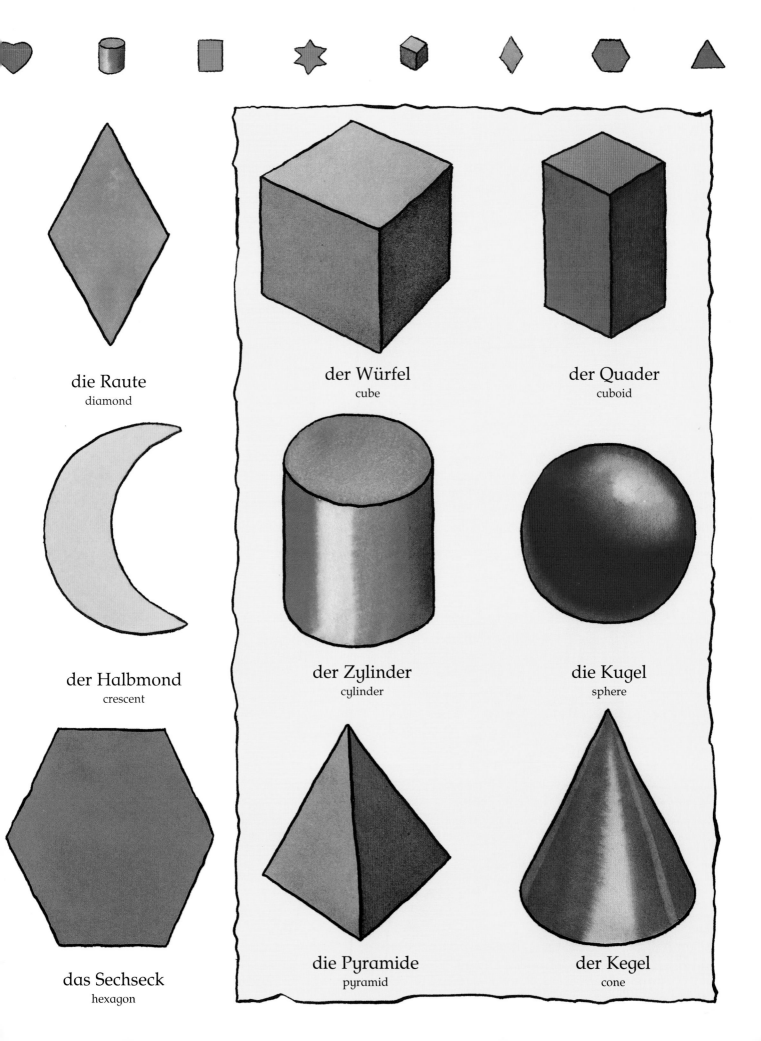

die Raute
diamond

der Würfel
cube

der Quader
cuboid

der Halbmond
crescent

der Zylinder
cylinder

die Kugel
sphere

das Sechseck
hexagon

die Pyramide
pyramid

der Kegel
cone

Genau das Gegenteil
Exactly the Opposite

groß
big

klein
small

sauber
clean

schmutzig
dirty

dick
fat

dünn
thin

voll
full

leer
empty

oben
high

unten
low

heiß
hot

kalt
cold

neu
new

alt
old

offen
open

zu
closed

dunkel
dark

hell
light

schnell
fast

langsam
slow

glücklich
happy

traurig
sad

schwer
heavy

leicht
light

lang
long

kurz
short

mehr
more

weniger
less

gleich
same

verschieden
different

nass
wet

trocken
dry

43

Das Wetter
The Weather

wolkig
cloudy

sonnig
sunny

regnerisch
rainy

schneeig
snowy

windig
windy

neblig
foggy

Die Uhrzeit
The Time

acht Uhr morgens
eight o'clock in the morning

zehn Uhr morgens
ten o'clock in the morning

zwölf Uhr mittags
twelve o'clock, midday

zwei Uhr nachmittags
two o'clock in the afternoon

vier Uhr nachmittags
four o'clock in the afternoon

sechs Uhr abends
six o'clock in the evening

45

Index

Hügel (m) 25
Huhn (n) 24
Hund (m) 7,36
J Jacke (f) 32
Joghurt (m) 19
Jongleur (m) 36
Junge (m) 5
K Kalt 42
Känguru (n) 30
Kaninchen (n) 7
Karotte (f) 19
Kartoffeln (f.pl) 18
Käse (m) 19
Kasse (f) 18
Katze (f) 7
Kegel (m) 41
Keks (m) 29
Keramik (f) 17
Kerze (f) 28
Keyboard (n) 23
Kinn (n) 5
Kirche (f) 8
Kissen (n) 21, 34
Klebstoff (m) 13
Klied (n) 32
klien 42
Knie (n) 4
Knochen (m) 16
Koala (m) 30
Koch (m) 15
Kommode (f) 34
König (m) 35, 36
Konigin (f) 35, 36
Kopf (m) 4
Korb (m) 18
Krake (f) 27, 36
Krankenwagen (m) 9
Krebs (m) 27
Kreide (f) 10
Krieis (m) 40
Krokodil (n) 30
Kugel (f) 41
Kuh (f) 24
Kühlschrank (m) 20
kurz 43
L Laden (m) 8
Lampe (f) 34
Landkarte (f) 11
lang 43
langsam 43
Lastwagen (m) 9
leer 42
leicht 43
Letzte (m/f/n) 39
Leuchtturm (m) 27
Lieferwagen (m) 36
Liegestuhl (m) 26
lila 12
Lineal (n) 11
Löffel (m) 21
Lokomotivführer (m) 15
Luftballon (m) 28
M Mädchen (n) 5
Magnet (m) 10
Märchenbuch (n) 35
Marienkäfer (m) 36
Marionette (f) 36
Marmelade (f) 18
Maus (f) 11, 31, 37
mehr 43

Messer (n) 20
Mikrofon (n) 23
Milch (f) 19
Motorrad (n) 9
Möwe (f) 27
Mülltonne (f) 6
Mund (m) 5
Munzen (f.pl) 17
Muschel (f) 27
N Nachthemd (n) 34
Nachttisch (m) 34
Nagel (m) 37
Nase (f) 5
Nashorn (n) 31
nass 43
neblig 44
neu 42
neun 38
neunzehn 39
Nilpferd (n) 30
null 38
O oben 42
offen 42
Ohr (n) 5
orange 12
Oval (n) 40
P Panda (m) 31
Papagei (m) 31
Papier (n) 13
Papierkorb (m) 10
Partyhut (m) 28
Pausenbox (f) 10
Pfeife (f) 28
Pferd (n) 24
Pharao (m) 17
Pilot (m) 15
Pinguin (m) 31
Pinsel (m) 13
Pizza (f) 29
Po (m) 4
Polizist (m) 14
Popsängerin (f) 15
Post (f) 7
Postsack (n) 7
Pullover (m) 32
Puppe (f) 22
Puppenhaus (n) 22
Puzzle (n) 22
Pyramide (f) 17,41
Q Quader (m) 41
Quadrat (n) 40
R Rassel (f) 23
Raupe (f) 37
Raute (f) 41
Rechteck (n) 40
Regenschirm (m) 37
regnerisch 44
Rennwagen (m) 22
Rettungsschwimmer (m) 15
Riese (m) 35
Ring (m) 37
Roboter (m) 22
Rock (m) 32
Röntgenbild (n) 37
rosa 12
rot 12
Rücken (m) 4
Rutschbahn (f) 26
S Salat (m) 19
Sandburg (f) 27

Sandwich (n) 29
sauber 42
Saurierskelett (n) 16
Schaf (n) 24
Schaffner (m) 14
Schaufel (f) 26
Schaukel (f) 26
Schere (f) 13
Schiff (n) 27
Schlafanzug (m) 34
schmutzig 42
Schnecke (f) 7
schneeig 44
schnell 43
Schokolade (f) 29
Schornstein (m) 6
Schrank (m) 34
Schuhe (m.pl) 32
Schule (f) 8
Schultasche (f) 10
Schultern (f.pl) 4
Schürze (f) 13
Schüssel (f) 20
Schwamm (m) 33
schwarz 12
Schwein (m) 24
schwer 43
sechs 38
Sechseck (n) 41
sechzehn 39
Seestern (m) 27
Segelschiff (n) 37
Seife (f) 33
Shorts (pl) 32
sieben 38
siebzehn 39
Sofa (n) 21
Soldat (m) 17
Sonnencreme (f) 26
Sonnenschirm (m) 26
sonnig 44
Spaghetti (pl) 18
Sphinx (f) 17
Spiegel (m) 33
Spiel (n) 22
Spielplatz (m) 8
Spinne (f) 7
Staffelei (f) 13
Staubsauger (m) 21
Stegosaurier (m) 16
Stereoanlage (f) 21
Stern (m) 40
Straße (f) 8
Straßenlaterne (f) 8
Strohhalm (m) 29
Strümpfe (m.pl) 32,37
Stuhl (m) 21
T T-Shirt (n) 32
Tafel (f) 10
Tamburin (n) 23
Tang (m) 27
Tasse (f) 20
Tasatur (f) 11
Taucher (m) 15
Teddybär (m) 22
Teekanne (f) 21
Teller (m) 20
Tierärztin (f) 14
Tiger (m) 31, 37
Tinte (f) 37

Tisch (f) 10, 21
Toilette (f) 33
Toilettenpapier (n) 33
Tomate (f) 19
Topf (m) 20
Torte (f) 29
Traktor (m) 25
traurig 43
Treppe (f) 6
trocken 43
Trommel (f) 23
Trompete (f) 23
Tür (f) 6
Tyrannosaurus rex (m) 16
U Uhr (f) 37
unten 42
Unterhose (f) 32
Untertasse (f) 21
V verschieden 43
vier 38
Vierte (m/f/n) 39
vierzehn 39
Vogelscheuche (f) 25
voll 42
Vorhänge (m.pl) 34
W Wald (m) 25
Walross (n) 31
Waschbecken (n) 33
Waschlappen (m) 33
Waschmaschine (f) 20
Wasserkessel (m) 20
weiß 12
weniger 43
windig 44
Wippe (f) 26
wolkig 44
Wunderlampe (f) 35
Würfel (m) 11, 41
Würstchen (n.pl) 18
Z Zahnbürste (f) 33
Zähne (m.pl) 5
Zahnpasta (f) 33
Zauberer (m) 28
Zauberstab (m) 28
Zaun (m) 6
Zebra (n) 31, 37
Zebrastreifen (m) 8
Zeh (m) 4
zehn 38
Ziege (f) 24, 37
zu 42
Zunge (f) 5
zwanzig 39
zwei 38
Zweite (m/f/n) 38
zwölf 39
Zylinder (m) 41